L'ART

DE

FAIRE CESSER LA PESTE ;

O U

LES ÉPIDEMIES LES PLUS TERRIBLES.

L'ART

D E

FAIRE CESSER LA PESTE;

O U

LES ÉPIDEMIES LES PLUS TERRIBLES,

Dans tel tems & dans tel lieu que ce soit, ainsi qu'il a été prouvé par celle de 1769 à Marseille, &c.

PREMIERE PARTIE.

Par M. LAUGIER, Docteur en Médecine de l'Université de Montpellier, Membre & Professeur du College de Marseille, &c.

Satiùs est præcavere
Quàm curare morbos.

Prix, 1 liv. 4 sols.

A PARIS,

Chez { l'Auteur, rue Gît-le-Cœur, Hôtel S. Louis, près Saint-André-des-Arcs.
Morin, Libraire, rue S. Jacques, à la Vérité.

M. DCC. LXXXIV.

Avec Approbation, & Privilege du Roi.

AVANT-PROPOS.

LE but de ce Précis eſt de corriger les cauſes prochaines & éloignées de cette Maladie.

On trouvera dans la premiere Partie les moyens ou précautions qu'il faut mettre en uſage contre les foyers, d'où réſultent les cauſes mentionnées ci-deſſus.

L'on verra dans la deuxieme, ceux qu'il convient d'employer, contre les éloignées.

Nous ne dirons rien des cauſes immédiates, parce qu'elles ont été traitées en détail dans un Ouvrage de 600 pages, qui a été glorieuſement approuvé, par la Société Royale de Médecine, & qui renferme l'hiſtoire de la derniere Peſte, dont il eſt parlé ci-après, avec tous les moyens de la faire cesser, ainsi qu'il va être prouvé & démontré sans replique, par les Pieces justificatives.

Ce même Ouvrage a été jugé digne de l'Impression royale, par deux Ministres, autant à titre de retour sur ce que l'Auteur l'a offert en présent au Gouvernement, que pour un commencement de récompense sur le service qu'il a rendu dans le temps à la ville de Marseille & à l'Etat.

L'ART

DE

FAIRE CESSER LA PESTE;

OU

LES ÉPIDEMIES LES PLUS TERRIBLES:

Dans tel tems & dans tel lieu que ce soit, ainsi qu'il a été prouvé par celle de 1769, à Marseille, &c.

PLAN DE CET OUVRAGE.

LE Plan général de ce Précis est moins de traiter la Maladie en entier, que de faire la recherche des principales causes prochaines & éloignées, qui concourent autant à

A iv

la faire naître quelquefois qu'à l'entretenir, lorſqu'on n'y fait pas attention, ſur-tout dans les climats tempérés, comme dans les Provinces méridionales de la France, telles que la Provence, le Languedoc, &c.; en Eſpagne, en Italie, &c. dans les Echelles du Levant, à Conſtantinople, à Smirne, à Salonique, &c.; pendant le printemps ou l'automne à Paris, & quelquefois en hiver, par conſéquent pendant l'été dans tout le reſte de l'Europe; ainſi qu'il eſt prouvé par l'Hiſtoire des Epidémies, qu'on a vu dans quelques parties de l'Allemagne, de l'Angleterre, de la Hollande, de la Ruſſie, &c.

On en trouve les détails dans les Œuvres de Sidenham, & dans les Ecrits des autres Auteurs qui ont traité de cette matiere.

Motifs qui ont donné lieu à ſuivre cette maladie, & à la traiter.

En 1768, nous faiſions notre ſéjour à Pelliſſane, petite ville de la baſſe Provence, où nous étions depuis dix ans penſionné de cette cité, pour ſoigner les citoyens en tems de maladie , moyennant une fomme honnête par an.

Au mois de Mars de la même année , on annonce que la Pefte eft à Marfeille , & que la majeure partie des Médecins y étant morte, il en manquait , pour fecourir cette riante & précieufe Ville.

A ce bruit , & au trifte récit qu'on fai-fait de l'état alarmant des malheureux ci-toyens qu'elle renfermait , nous volons à leur fecours , fans confulter le danger qu'il y avait à craindre , c'eft-à-dire , nous bravâmes le fort des autres Médecins qui en avoient été déjà les triftes victimes ; nous méprisâ-mes la crainte de perdre la penfion que nous retirions de ce pofte , & nous paffâmes par deffus le dommage que cette retraite allait nous caufer ; par conféquent nous nous ex-posâmes à fubir le fort des autres Médecins qui en avoient été déjà les triftes victimes.

Pour mieux dire , nous aimâmes mieux faire le facrifice de notre repos , de notre intérêt , de notre fanté & de notre vie , que de laiffer ces malheureux habitants en proie aux cruautés de ce terrible fléau.

Quand on a le cœur fenfible & l'ame compâtiffante aux malheurs de l'humanité, peut-on fe refufer de fecourir nos égaux, lorfqu'ils font aux pieds du précipice, & menacés de la mort ? Non par des fentimens d'une vaine gloire, & d'un faux point d'honneur, dont nous jouiffons rarement pendant nos jours, & qu'il eft ridicule de rechercher avec tant de foin, pour les porter au-delà de la vie ; mais nous devons le faire par le feul plaifir de tendre une main fecourable à des malheureux qui font dans la peine, pour les foulager des maux qui les affligent, autant parce que, comme freres dans l'état de nature, ils ont des droits fur nos cœurs ; que par la raifon qu'étant tous de la même efpece, ils ne doivent attendre cet office que de nous.

Nous fommes bien éloignés de vouloir dire qu'il faut leur être utile, parce qu'ils peuvent nous rendre un jour le réciproque, (comme penfent les égoïftes de nos jours, qui ne font bons que pour eux, & qui ne donnent que pour recevoir, ou que dans la vue de fatisfaire leur vanité aux yeux des autres) ; mais par ce que nous nous devons nous - mêmes à l'état de fraternité dans lequel nous fommes avec eux.

Nous croyons par la même raifon auffi qu'il faut faire le bien pour le bien même, & pour notre propre fatisfaction, parce que les ames bien nées goûtent un vrai plaifir, un fentiment bien doux & délicieux, quand elles viennent de coopérer à une belle action, & à une telle œuvre : par conféquent encore nous avons tout facrifié & tout abandonné pour fuivre notre penchant, & courir au fecours de l'humanité expirante.

Réflexion.

Nous n'ignorons pas que la jaloufe cupidité & le ferpent de l'envie, qui ne dorment jamais, ont été enchantés (de ce qu'après une action auffi héroïque, & un fervice auffi précieux que celui que nous avons rendu à la ville de Marfeille & à l'Etat, en faifant ceffer dans moins de quinze jours un auffi terrible fléau qui avoit déjà enlevé en fept mois de temps dix mille perfonnes, ainfi qu'il a été prouvé par le regiftre des Paroiffes ;) non-feulement nous n'en avons obtenu aucune récompenfe ; mais encore de ce qu’on ne nous a pas même dédommagé de la penfion que ladite ville de Pelliffane nous faifait.

Nous répondons que bien loin de murmurer & de nous plaindre à ce fujet, nous fommes perfuadés que c’eft parce que notre bon Monarque n’en a jamais eu aucune connaiffance ; bien plus, nous fommes pleinement convaincus d’avance, que fi un pareil fujet parvenait un jour à fes oreilles, non-feulement fon grand cœur nous dédommagerait de la perte que nous avons faite de la penfion que nous accordait la ville mentionnée ci-deffus, mais encore nous croyons que ce bon Roi nous récompenferait d’une façon auffi noble que royale, de ce que nous avons ouvert à cette occafion près de 40 cadavres pour découvrir le fiege de la maladie ; de ce que nous avons expofé notre vie au fervice de l’Etat, & de ce que nous avons arraché des bras de la mort les cent mille ames dont la ville de Marfeille eft compofée.

Bien plus, pour donner des preuves de notre défintéreffement, & pour démontrer à l’univers entier que nous ne faifons le bien que pour le bien , ainſi que nous l'avons dit, & ſans aucune vue d'intérêt , nous deſirons ſeulement qu'on nous dédommage de la perte que nous avons faite , & qu'on nous donne une place pour travailler honorablement dans les fonctions de notre miniſtere. Nous renonçons à toute autre demande par conſéquent.

Nous ſommes au comble de notre bonheur d'avoir pu être utile à nos ſemblables & à l'Etat, au péril même de notre vie ; malgré que la roue n'ait pas tourné bien avantageuſement pour nous , & que, depuis plus de dix ans , nous n'ayons jamais ceſſé de faire des repréſentations à ce ſujet (1); mais la circonſtance de la guerre ayant ſans doute empêché que nous n'ayons obtenu le prix d'un pareil bienfait; nous oſons eſpérer que l'événement de la paix nous rendra plus heureux , & nous dédommagera enfin de tout ce que nous avons pu ſouffrir juſqu'à préſent.

____

(1) Pour nous dédommager de la perte que nous avons faite à cette occaſion , tant de notre penſion que de notre ſanté ; nous oublions par conſéquent volontiers tout ce que nous en avons ſouffert, en faveur du motif qui en eſt la cauſe.

TABLEAU des Fievres peſtilentielles qu'on a vu, en 1769, à Marſeille.

Pénétrés des ſentimens dont nous allons donner les preuves ; au mois de Mars 1769 , nous volâmes donc au ſecours de la Cité qui était en proie aux horreurs de la mort, pour tâcher de l'en arracher.

Remplis de notre deſſein , & notre cœur brûlant de l'exécuter , nous arrivons près de ces murs qui ne préſentoient que des objets de triſteſſe , & les ombres funebres des cyprès.

Les voies ſont couvertes de paſſans, fondans en larmes ; mille charriots ſont remplis de citoyens qui abandonnent leurs foyers, leurs amis, leurs parens , pour aller former ailleurs un autre ſéjour, & déſerter leur patrie.

Les portes de la Ville s'ouvrant ſous nos pas , tous nos ſens n'apperçoivent que des apprêts lugubres ; des rues ſont remplies de fuyards qui s'éloignent & s'évitent.

Les portes des favoris de la fortune , des

ſuppôts de Mercure, de tant de Créſus, ſont fermées à tout venant ; elles ne s'ouvrent plus qu'à l'importunité & aux beſoins domeſtiques.

L'hoſpitalité n'eſt plus exercée que par la force, chaque individu ſe cache, & ne cherche plus que ſa conſervation particuliere, ſans ſe mettre en peine de celle de ſon voiſin.

Mille ſons lugubres ſe font entendre des voûtes & des tours ſacrées.

Les pleurs, les cris perçans & les ſanglots font retentir les airs ; les convois des morts & des mourans rempliſſent les paſſages.

La mere regrette ſes enfans que la mort arrache de ſon ſein expirant ; ces derniers pénetrent l'ame des bruits effrayans qu'ils pouſſent dans leur aſyle, d'être privés des auteurs de leurs jours.

L'époux qui tend les bras pour ſecourir ſa tendre moitié, ne ſent plus dans ſes nerfs qu'un cadavre glacé, tenant dans les ſiens les fruits de leus amours frapés des mêmes coups.

Les hoſpices deſtinés à ſecourir les mal-

heureux ne préſentent au regard qu'un ſpec-
tacle frappant.

Le toît , qui , ſur les flots , ſert de purgatoire & d'expiation aux condamnés de Thé-
mis ſur l'empire de Neptune & d'Éole , eſt
un ſépulchre d'horreur , parce que ces derniers étant les corbeaux de la parque , paient
à leur tour avec uſure le tribut qu'ils ont vu
payer aux autres.

Ceux qui ſont deſtinés par état à exercer
les fonctions ſacrées de leur exercice , reçoivent le moins qu'ils y penſent , le ſervice
funebre qu'ils ont rendu à leurs ſemblables.

Les infatigables conſervateurs de l'eſpece
humaine ; ces intrépides mortels , qui , par
état , ſont obligés de reſpirer les miaſmes peſ-
tilentiels , pour conſerver la vie des autres ,
reçoivent de la parque les traits funeſtes
dont ils ont voulu les garantir.

Celui même qui fait dans ce moment , dé-
crire à ſon pinceau , une faible partie des horreurs , qu'on a vues à cette fatale époque , a
payé le tribut de ce cruel venin , & n'a échapé

que

que par le plus grand hafard à la fureur de ce funefte poifon.

Enfin dès l'inftant que les fonctions de notre Corps eurent repris leurs cours, & que nos organes furent en état de continuer leurs opérations ; oubliant toutes les craintes de la mort que nous avions vue de fi près, & tous les dangers que nous venions de courir, nous les confacrâmes de nouveau au fervice (quoique volontaire) de notre bon Monarque, & au foulagement des malheureux qui fe trouvoient encore la proie du même fléau.

Avant de payer notre tribut à la maladie, nous avions fait un grand nombre d'ouvertures de cadavres, & commencé le plan de nos obfervations. C'eft alors que nous reprîmes le tout, & qu'à force de recherches nous découvrîmes la caufe de cette mortalité.

Notre deffein n'eût été exécuté qu'à demi, & notre cœur n'aurait pu réfifter plus long-tems à l'envie que nous avions de faire fervir cette même découverte au profit de tant de malheureux, fi nous ne l'avions pas mife à exécution.

C'eft pourquoi tous nos calculs & toutes nos combinaifons étant faits, nous fûmes déclarer aux Chefs ou Municipaux de la Province & de la Ville, que nous pourrions, dans environ quinze jours, faire ceffer la mortalité fans retour.

La propofition ayant été fubitement acceptée de la part des Magiftrats, & promptement exécutée de la nôtre, tous les moyens qui devaient y concourir furent mis en ufage avec tout l'empreffement poffible, auffi dans moins de deux femaines ce fléau ceffa & difparut tout-à-fait, ainfi qu'on va le prouver par les Pieces juftificatives.

PREUVES juridiques qui conſtatent d'une façon démonſtrative, que M. LAUGIER, Docteur en Médecine, Membre & Profeſſeur du College de Marſeille, eſt l'Auteur des Avis & des Moyens mis en uſage, pour faire ceſſer, en 1769, la derniere Peſte à Marſeille.

Copie du verbal de M. DE MONTHION, Intendant de Provence, à cette époque, aujourd'hui encore plein de vie, Conſeiller d'Etat, Chancelier de S. A. R. Mgr le Comte d'ARTOIS, ſur la ceſſation de la Peſte qu'il y a eu, en 1769, à Marſeille.

« Nous, Intendant du Pays de Provence, &c. ayant été requis, de la part du Miniſtere, de nous informer ſi, en 1769, il y a eu une Maladie peſtilentielle à Marſeille, & s'il eſt vrai qu'elle ait été arrêtée par les conſeils & les moyens ſuggérés de la part de M L**, Médecin de ladite Ville ; nous nous hâtons de nous en acquitter.

Pour raison de ce, ayant fait demander en témoignage les Chefs de ladite Cité, ils ont tous été d'un commun accord que la susdite maladie avait réellement existé ; qu'en moins de sept ou huit mois elle avait enlevé près de dix mille habitans, ainsi qu'il paraît par les regiftres des Paroisses, & que c'était après les nombreuses ouvertures de cadavres, par les avis & les soins généreux du sieur L**, qui avait exposé cent fois sa vie pour sauver cette malheureuse Ville, que ce merveilleux changement avait été opéré.

On voit par conséquent que c'est par les sages avis de ce zélé patriote, & de ce courageux Citoyen, que ce terrible fléau a cessé & disparu tout-à-fait.

Au moyen de ce, nous concluons que ledit sieur L** a mérité une récompense proportionnée au prix d'un service aussi mémorable, sur-tout dans une circonstance aussi critique, où d'ordinaire tout le monde cherche plutôt à mettre sa vie en sûreté qu'à l'exposer au danger. A Marseille, le 3 Mars 1772, MONTHION ».

Nous fouffigné, Secretaire de l'Intendance d'Aix, certifions avoir extrait des regiftres de notre Bureau le préfent Verbal, pour être conforme à l'original. A Aix le 10 Avril 1781, SERRÉ.

Verbal de MM. les Directeurs de l'Hôtel-Dieu, Municipaux de la ville de Marfeille, prefque encore tous en vie, quoique remplacés par d'autres depuis dans cette fonction ; par la raifon qu'on les change de trois en trois ans ; fur les fievres pefti-lentielles qu'on y vit regner en 1769.

« Nous fouffignés, &c. Directeurs de l'Hôtel-Dieu, & Municipaux de la ville de Marfeille, étant en exercice pendant l'année 1769, declarons avoir été affligés par une épidemie de fi grande conféquence, que notre Hôtel fut accablé & inondé de malades, au point que nous ne favions plus où les placer.

Cet événement nous occafionna une grande perte de Citoyens & une dépenfe très-confidérable.

B iij

C'eſt pendant ce tems de calamité, & après une mortalité qui faiſoit trembler pour les ſuites que M. Laugier, Docteur en Médecine, (réſidant en cette ville, & qui fréquentoit fort aſſidument notre Hôtel,) nous voyant dans cet état d'affliction, de peine & d'embarras, nous ſuggéra, à notre priere, le moyen de nous en délivrer; ce qu'il fit avec tout le zele & la charité poſſibles.

Nous fumes ſi pénétrés du prix de ce conſeil, & nous en ſentimes tellement l'importance, que nous l'exécutames le même jour avec toute l'exactitude & la diligence imaginables; auſſi peu de tems après, nous vimes diminuer la ferocité de cette maladie, & inſenſiblement ce terrible fléau ceſſa & diſparut tout-à-fait.

Enfin, nous lui donnons d'autant plus volontiers ce Verbal, que nous croyons le lui devoir comme un prix au bienfait, une recompenſe au ſervice, & un hommage à la vérité. *Signés à l'Original*, EIDIN l'aîné, CHAUDIERE, GRAVIER, REY, HERMITE, MERENDOL, CAMPOU, d'ESSUART, SAUVAIRI, STRAFORELLE; *le douzieme eſt abſent.*

Moyens & précautions dont il faut faire usage , non-seulement pour détruire les causes prochaines de la Peste & des Epidemies quand elles ont lieu , mais encore pour les prévenir.

CAUSES PROCHAINES.

1°. Il faut établir une discipline la plus rigoureuse au Lazaret , où sont déposées les marchandises pour les quarantaines , si c'est un port de mer ; il faut les doubler & tripler s'il est nécessaire , si l'on a découvert que la maladie vienne des levains étrangers , & qu'il se soit fait quelque oubli de la part de ceux qui sont chargés de ces fonctions.

2°. Il faut desfécher les endroits qu'il peut y avoir de marécageux , ou sont renfermées des eaux croupissantes *.

3°. Il faut faire nétoyer tous les lieux ou commodités avec la plus scrupuleuse exécution , ainsi que toutes les eaux des égouts , & les faire porter aussi loin qu'il sera possible , dans des creux qu'on couvrira

---

* *Vitium capiunt ni moveantur aqua.*

B iv

de terre, ou il faut les jetter dans la mer, & dans la riviere quand il y en a.

4°. Il faudroit que toutes les commodités fuſſent ſur les toits, comme dans la Provence, &c. non-ſeulement pour que l'odeur ne reſtât pas dans les maiſons, ce qui eſt plus incommode & ſouvent plus dangereux qu'on ne penſe, ainſi que c'eſt l'uſage à Paris, &c. mais encore parce que les pluies laveroient les ordures qui tomberoient des toits avec l'eau pluviale, par le moyen des ruiſſeaux, dans la riviere, mais encore parce que les vents emporteroient au loin les odeurs, ainſi qu'on fait dans bien des pays.

5°. Cette opération étant finie, il faut faire brûler ſur les lieux infectés, du vinaigre, de l'oignon, du gerofle, du ſoufre minéral, du camphre, de la canelle, &c.

6°. Il faut qu'un nombre de Médecins, commis exprès, accompagnés des Magiſtrats, aillent viſiter, deux fois par jour, les hôpitaux, les maiſons de force, les caſernes, les galeres, les forts, les priſons, & tous les lieux où il y a beaucoup de monde, pour y faire obferver la propreté, pour y donner de l'air, par le moyen des Ventilateurs, & par toutes les voies poffibles.

7°. Il eft très-effentiel de féparer, dans les hofpices ou hôpitaux, les malades atteints des fievres malignes de ceux qui ne le font pas, ou qui ne font que de commencer, & qui ne l'étant pas encore, ne le deviendroient peut-être jamais.

8°. Il faut qu'il n'y ait aucune ordure dans quel lieu que ce foit des maifons, des écuries, &c. fur-tout; on fera la même attention pour les rues, les environs de la ville, &c.

9°. Il eft néceffaire qu'il n'y ait point de cadavre d'aucune efpece, tant d'hommes que d'animaux, dans la ville, par la raifon que les miafmes ou exhalaifons putrides qui s'échappent de tous ces corps vicient l'air à un point que c'eft de là que viennent, la plupart du tems, les fievres putrides, malignes, qu'on voit dans différens tems, & dans bien des maifons, prefque toute l'année.

10°. Il conviendroit, pour les mêmes raifons, que la *Morne*, à Paris, fût hors la ville, ou à un endroit fort élevé, pour que l'air & les vents puffent emporter au loin les exhalaifons infectes de tous les cadavres qui fucceffivement féjournent dans ce petit réduit, autant pour que ceux qui logent au voifinage n'en foient pas incommodés avec le tems, qu'afin que ceux qui paffent & qui s'y arrêtent pour voir, n'en reçoivent aucune atteinte, malgré le petit féjour qu'ils peuvent y faire.

11°. Il feroit à propos également qu'il fût défendu, fous de fortes peines, qu'on fît des ordures fur les bords de la riviere, autant par la repugnance que le coup-d'œil infpire pour l'eau, que parce que le féjour qu'elles y font les corrompt au point, que ces exhalaifons fe portant dans l'air font refpirées par ceux qui habitent dans le voifinage, ainfi que par les paffans, & tombant enfuite fur leur propre poids vers leur centre de gravité dans l'eau, fe mêlent avec ce liquide, pour fervir de boiffon au premier moment.

12°. Pour obvier à ces abus & aux inconvéniens qu'il doit en réfulter, nous offrons volontiers au Gouvernement, de faire couler des fontaines, par intervalles, tout le long des quais, d'une eau qui aura été prife au-deffus de la ville, & qui en ne recevant aucune impreffion de cette même Cité, nétoiera tout ce qu'il peut y avoir de fale fur les bords de ce même fleuve.

13°. Lorfque tous les différens foyers qu'il peut y avoir dans les villes feront corrigés, tant en dedans qu'en dehors, c'eft-à-dire, lorfqu'on aura détruit toutes les caufes immédiates & prochaines, qui peuvent entretenir les différentes maladies qu'elles produifent, fur-tout la Pefte, on mettra en ufage l'expédient qu'on trouvera ci-après, pour détruire les caufes éloignées qu'il doit y avoir dans l'air, lorfque, par extraordinaire, les vents ne fouffleront pas fuivant la faifon, fur-tout, fi c'étoit en Printems ou en Eté que les odeurs fe corrompent plutôt.

APPROBATION de l'Ouvrage qui a pour titre : Defcription de la Pefte qu'il y a eu, en 1769, à Marfeille, *de la part de la Société Royale de Médecine, &c dont il eft parlé ci-devant ; par M. Laugier, Docteur en Médecine, Membre &c Profeffeur du College de Marfeille.*

Extrait des Regiftres de la Société Royale de Médecine.

La Société nous a chargé, M. Macquart & moi, d'examiner un Manufcrit de M. L**, Médecin à Marfeille, qui a pour Epigraphe :

Eft modus in rebus, funt certi denique fines,
Quos ultrà, citràque nequit confiftere rectum.

& intitulé : *Effai fur les fievres malignes, peftilentielles, avec l'explication de leurs fymptômes, de leurs différentes caufes, & la méthode la plus fure de les guérir, &c.*

« Cet Ouvrage, qui a déjà été approuvé par M. *de Horne*, eft divifé en deux parties.

Dans la premiere ce Médecin , après avoir expofé les caufes ordinaires des épidemies , donne l'hiftoire chronologique des Peftes qui ont affligé la ville de Marfeille, &c. & préfente le tableau des malheurs qu'entrainent ces fléaux.

Enfuite il examine l'influence des climats fur les peuples qui les habitent , en cherchant à découvrir les caufes qui peuvent favorifer les Epidemies , il indique les moyens de s'en garantir , ou au moins d'en énerver l'activité.

Avant de donner la defcription de l'Epidemie dè 1769 , qu'il attribue à la continuité des pluies , il fait connoître les avantages & les inconvéniens qui réfultent de la fituation de la ville de Marfeille.

Enfin il termine cette premiere partie par quelques réflexions fur la maniere dont les fievres malignes & peftilentielles peuvent fe communiquer.

L'Auteur , dans la feconde partie de fon Ouvrage , donne une defcription exacte des fignes qui caractérifent les fievres malignes , avec des détails intéreffans fur les phénomenes qu'on obferve dans les urines, dans les fueurs , dans les déjeſtions , & dans la qualité du fang.

Il diftingue deux efpeces de fievre maligne ; l'une produite par un principe diffolvant , & l'autre par un principe coagulant.

Cette diftinſtion , adoptée par Baillou & plufieurs Médecins célebres , le conduit à faire voir la différence qu'on obferve dans les fymptômes , & combien il eft effentiel au Médecin de les faifir , afin de varier fa méthode curative.

Enfuite il établit un parallele entre l'Epidemie de 1769 , & la Pefte de 1720 , dont il donne la defcription , afin de mettre les Leſteurs à portée de juger de ces deux maladies , d'en voir la différence , & d'apprécier les différens moyens qu'on a employés pour les combattre.

Après avoir prouvé , dans la premiere partie de fon Ouvrage , qu'on doit attribuer l'Epidemie de 1769 , &c. aux pluies continuelles , il fait voir que les prifons , les cafernes , les vaiffeaux , les galeres , les hôpitaux & la malpropreté des pauvres, font les caufes fecondaires qui ont contribué au développement de ce fléau.

En conféquence il propofe les changemens qu'on pourrait faire dans l'hôpital de Marfeille , & les moyens les plus propres à arrêter les progrès d'une Epidemie.

Pour ne rien laiffer à defirer fur les caufes des Epidemies , il examine avec foin la nature des alimens , & de tout ce qui peut avoir un rapport direct avec la fanté des hommes , & il indique un moyen artificiel de corriger les vices de l'air.

Ces détails intéreffans conduifent l'Auteur à propofer un plan de reforme dans l'hôpital de Marfeille , relativement aux maladies qui fe communiquent , avec un moyen d'augmenter les revenus des hôpitaux , & d'éteindre la maladie venérienne , en obligeant les perfonnes attaquées de cette maladie , de fe faire traiter dans ces hofpices , pour une fomme toujours proportionnée à la fortune des malades.

On voit par cet Expofé très-abregé ,
de combien d'objets utiles s'eft occupé
l'Auteur de ce travail , & combien il a de
droit à l'eftime des Médecins & à la recon-
noiffance de fes Compatriotes; mais en ren-
dant juftice aux lumieres & au zele patrio-
tique de M. L**, nous croyons devoir
l'engager à rapprocher fous un même point
de vue tous les détails de même nature ,
& alors l'Auteur joindra au merite de la
précifion le plaifir d'être utile & aux Médecins & à fes Concitoyens. *Signés* MAC-
QUART ET JEAN ROI , à l'Extrait.

Je fouffigné certifie que le préfent Extrait eft entierement conforme à l'Original
contenu dans les Regiftres de la Société
Royale ».

Signé VICQ-D'AZIR , Secrétaire perpétuel.

*LETTRE du même Secretaire mentionné ci-devant, qui accompagnoit l'envoi de ladite Approbation, & qui prouve la satisfaction de ladite Société au sujet de la réduction d'un ou deux articles que le sieur L** a fait dans le tems à son Ouvrage, parce qu'on les a crus inutiles, quoiqu'ils ne le fussent pas à la rigueur, pour des raisons particulieres.*

MONSIEUR,

Vous avez bien voulu faire à votre Ouvrage les changemens que la Société a desiré, &c. il n'en est que meilleur; étant plus concis & plus rapproché.

Il est maintenant entre les mains de M. Andri, un de vos Commissaires.

La marque de confiance que vous avez donnée à la Société Royale lui a été très-agréable.

C

Elle fait l'apprécier de la part d'un Confrere aussi estimable que vous.

J'ai l'honneur d'être très-parfaitement,

MON CHER CONFRERE,

Votre très-humble & très-
obéissant serviteur,
VICQ-D'AZIR, *Secretaire
perpétuel.*

A Paris le 20 Mai 1780.

L'ART

D E

FAIRE CESSER LA PESTE;

O U

LES ÉPIDEMIES LES PLUS TERRIBLES.

SECONDE PARTIE.

*A Messieurs de l'Académie des Sciences de P**.*

MESSIEURS,

Plus on apprécie une chose, plus on en recherche la jouissance ; soit que la cause vienne d'un sentiment naturel de l'esprit de propriété qui existe en nous ; ou parce que nous rapportons tout à nous-mêmes.

La grande opinion que j'ai de votre estime, par une suite sans doute de ces prin-

C ij

cipes , fait naître en moi le defir de me l'attirer , & m'engage de recourir à tout ce qui peut être en mon pouvoir pour me la procurer.

Il me refte à préfent à chercher fi je peux trouver quelque titre favorable pour m'en rendre digne.

C'eft dans ce deffein que je prens la liberté de vous préfenter quelques-unes de mes faibles productions, afin de m'en faire un mérite & un honneur auprès de vous, Meffieurs.

Ce font les feuls actes & les feules qualités que je puiffe mettre dans ce moment fous vos yeux & les employer en ma faveur.

Voici en quoi confiftent ces actes.

I.

Je n'ofe gueres vous parler de quelques obfervations qui ont paru , en différens tems , dans le Journal de Médecine, & qui ont fait alors quelques fenfations, tant pour la rareté du phyfique que pour le curieux du moral , par la raifon qu'elles ne font pas d'une grande étendue.

I I.

Au nombre defquels eft la caftration volontaire d'un Hermite que nous avons traité dans le tems , de laquelle nous avons fait paraître la defcription dans le Journal de Médecine , depuis cette époque , & dont l'hiftoire offre un champ vafte à la réflexion , foit pour le point de pratique fur lequel nous n'avions pas encore beaucoup d'exemples, dans le tems qu'elle a paru , depuis *Origene* , que pour le motif fingulier qui en fut la caufe.

I I I.

Le fujet de la feconde obfervation eft la guérifon d'un coup de fufil à la poitrine , dans lequel les membranes qui couvrent & contiennent le cœur ayant été emportées , on a vu pendant quelque tems le mouvement de ce vifcere à découvert.

I V.

La troifieme regarde la guérifon de la gangrene par le kina , dans un tems où il n'y avoit pas encore beaucoup d'exemples d'une femblable tentative.

V.

La quatrieme concerne l'hiſtoire d'une maladie convulſive qui a été regardée comme un prodige unique.

V I.

On trouve ces différentes Obſervations depuis les années 1758 du Journal mentionné ci-deſſus.

V I I.

Le Proſpectus qui eſt ci-joint eſt le plan d'un Ouvrage qui doit paraître dans peu ; il a obtenu l'approbation du Cenſeur Royal, & celle de la Société Royale de Médecine de Paris, ainſi que vous pouvez le voir par la lettre ci-jointe du Secrétaire de cette Compagnie.

V I I I.

Un autre Ouvrage ſur les propriétés de l'air, dédié à une Société, ſe trouve actuellement entre les mains de Meſſieurs les Commiſſaires de la même Compagnie nommés à cet effet.

I X.

Quant aux diſſertations latines ci-jointes ;

comme elles ont été compofées dans l'efpace de vingt jours ; j'ofe vous prier , Meffieurs , de vouloir bien être indulgens fur les lacunes qui s'y trouvent, pour n'avoir pas eu le tems alors de revoir la diction.

X.

Je n'ai d'autre mérite dans les feuilles imprimées fur la pierre humaine , que d'avoir été prié , par des perfonnes en place , de les publier , pour faire connaître ma compofition , qui fait exfolier ces fortes de pierres , fans toucher aux organes qui lui donnent paffage.

X I.

L'Effai fur le fléau de Cithere , renferme une méthode fimple , toute nouvelle ; on verra qu'elle eft fort agréable , commode , & la moins difpendieufe , de toutes celles qui ont paru jufqu'à préfent.

Elle a obtenu , comme vous verrez , Meffieurs , l'approbation de l'Univerfité de Provence & de plufieurs Académies ; elle fait beaucoup de progrès , malgré les obftacles de l'envie & des perfonnes de l'art , qui ont intérêt de foutenir la leur.

Voilà les feuls titres qui foient en ma puiffance ; je fens qu'ils font bien faibles pour mériter le fujet de la priere que je prends la liberté de vous faire en ce jour; mais j'ofe efpérer de réparer , par l'avenir , ce que je n'ai pas encore pu jufqu'à préfent.

J'ai l'honneur d'être avec une refpec-tueufe confidération ,

MESSIEURS,

Votre très-humble & très-obéiffant ferviteur

L * *.

Marfeille le   1780.

Copie d'une Lettre écrite par M. Vicq-d'Azir , &c. Secretaire perpétuel de la Société Royale de Médecine de Paris , à M. Laugier , Docteur en Médecine , & Membre du College des Médecins de Marfeille.

MONSIEUR et CHER CONFRERE,

J'ai reçu, dans fon tems , les pieces que

(41)

vous avez adreffées à la Société Royale de Médecine.

Le Verbal des Directeurs de l'Hôtel-Dieu de Marfeille prouve l'utilité de vos fervices. Vos Differtations imprimées anoncent beaucoup de connaiffance. Votre nouvelle méthode fur le fléau de Cithere promet du fuccès pour l'avenir. Votre Profpectus fur les fievres peftilentielles donne l'idée d'une grande entreprife ; il fait connaître les facrifices que vous devez avoir fait de votre fanté , & les dangers auxquels vous avez expofé votre vie pour le bien de l'humanité.

L'épidemie qui fait le fujet de votre Ouvrage , & dont vous vous propofez de rendre compte avec plus d'étendue , paraît être telle que fa conftitution caractérife. Elle mérite d'être décrite & confervée ; auffi je compte en donner une notice dans l'hiftoire d'un de nos volumes qui paraiffent toutes les années.

Je vous prie , mon cher Confrere , de me rappeller au fouvenir de vos illuftres Collegues , & d'être perfuadé , ainfi qu'eux , de mon entier dévouement à tout ce qui peut vous intéresser.

J'ai l'honneur d'être très-parfaitement,

MON CHER CONFRERE ,

Votre très-humble, &c.
Signé , VICQ-D'AZIR.

Paris, le 23 Juillet 1779.

A Messieurs de l'Académie des Sciences de Bologne.

MESSIEURS,

Dans la croyance où nous sommes que l'expédient dont il s'agit a été inconnu jusqu'à présent, & dans la bonne foi où nous nous trouvons également que personne ait jamais mis au jour rien de semblable sur un tel sujet , depuis vingt-cinq ans que nous lisons ; c'est la raison pour laquelle nous osons l'exposer à vos yeux pour en avoir l'agrément & vous en faire un hommage.

Nous convenons que les vents feraient plus capables de produire cet effet que tous les moyens que l'art peut inventer, ainfi que nous l'avons avancé dans l'Ouvrage qui doit paraître à ce fujet, & dont le Profpectus eft ci-joint; mais comme on a vu (en Eté fur-tout) que ces mêmes vents ont refté les trois mois fans fe faire fentir, (quoique cela arrive rarement) & qu'ils n'ont pas empêché les ravages que la Pefte a fait dans différens tems; c'eft pour fuppléer à ce défaut que nous invitons les efprits à faire ufage de l'expédient que nous ofons propofer.

C'eft dans des tems auffi critiques, pour les trifles victimes de cette mortalité, & pendant de pareilles calamités, qu'il convient d'épuifer toutes les reffources du génie & de l'art pour faire ceffer les caufes éloignées, après avoir détruit tous les foyers qui donnent lieu aux prochaines, ainfi que nous croyons l'avoir fait dans l'hiftoire de cette épidemie.

Caufes éloignées qui donnent lieu aux ma-
ladies endémiques & aux Epidemies, ou
qui les entretiennent pendant long-tems,
quand elles ont eu lieu par quelle caufe
que ce foit, avec les moyens de remédier
à quelques-unes, & certaines confidéra-
tions fur leurs effets, comme les fievres
peftilentielles qui ont regné pendant les
années 1769 & 1720, à Marfeille.

Nous ignorons qu'il y ait des moyens
pour rendre l'air d'un atmotfphere, pefant
& élaftique, quand il eft trop léger, & de
le rendre léger quand il eft trop pefant, à
moins qu'il recouvrât fon reffort naturel en
le defféchant. Nous ignorons encore qu'il
y ait un art de le rendre froid quand il eft
chaud, & de lui donner la qualité humide
quand il eft trop fec ; mais nous croyons qu'il
en exifte pour le faire chaud quand il eft froid,
& de le rendre fec quand il eft humide ; par
conféquent nous fommes perfuadés qu'il eft
poffible de le faire moins froid quand il l'eft
trop, & fec quand il eft trop humide.

Nous penſons également qu'on peut expulſer les exhalaiſons infectes qu'il renferme & lui en ſubſtituer de ſaines ou naturelles ; c'eſt ce que nous nous ſommes propoſés d'examiner & ce qui fait le principal objet de ce Mémoire.

L'Hiſtoire de Marſeille nous apprend que cette Ville a été affligée de la Peſte pendant vingt fois à différens intervalles , & qu'à celle de 1720 , qui eſt la derniere & la vingtieme , il a péri cinquante mille Citoyens.

La rélation qu'un Médecin de réputation nous a laiſſée de cette funeſte époque , nous apprend encore que le cours , les places publiques , ſervaient d'appartement & de lit à un grand nombre de malades , que les maiſons ne pouvaient plus les contenir , & que les rues étaient remplies de morts & de mourans , qu'un grand nombre de chariots ne pouvait pas ſuffire pour les porter , & la grande quantité de Forçats qu'il y avait ſur les galeres ne pouvait pas ſubvenir à les trainer hors la Ville pour les enterrer.

Les tableaux frappans qu'on voit dans une des falles de l'Hôtel-de-Ville, ainfi que la defcription de ce fléau, nous apprenent qu'on defcendait les morts par les fenêtres, & que c'était un fpectacle digne de pitié, de voir ces monceaux de cadavres à tous les endroits où il y avait le moindre efpace, & jufques à quel point la mortalité fut portée.

Qu'on juge, d'après ces rapports effrayans, enfuite de cette quantité de malades qu'il y avoit dans les maifons, de ces tas immenfes de mourans & de morts qu'on trouvait dans les rues ; qu'on, juge dis-je, des exhalaifons peftiférées dont l'air devait être chargé ; fur-tout au mois de Juillet & d'Août, qui font les tems où les chaleurs font au plus haut degré, où d'ordinaire les vents fe font moins fentir, & jufques à quel degré la putrefaction devait être portée.

On comprend facilement qu'après avoir remédié aux caufes prochaines qui confiftaient à enlever & enterrer tous ces cadavres, à nétoyer tous les foyers qui entrete-

naient ces exhalaifons , comme *les hôpitaux , les prifons , les galeres , les bâtimens
& les maifons où il y avoit eu des malades
& des morts* , il convenait de remédier aux
caufes éloignées qui confiftaient à purger
l'air de l'atmotfphere des miafmes malins
& corrompus qu'il devait contenir.

Les feux qu'on fit dans les rues , non-feulement ne produifirent aucun effet , mais
encore on rapporte qu'ils augmenterent la
putréfaction , & qu'on fut obligé de les ceffer bientôt ; fans doute qu'ils ne furent pas
appliqués à propos , & exécutés avec toute
la précaution convenable.

On fent , dis-je , par conféquent , qu'il
aurait fallu recourir à un moyen qui eût la
vertu de fécher l'air de toutes les exhalaifons animales qu'il devait contenir , & qui
tombant pendant la nuit avec la rofée ,
étaient refpirées par les habitans , jufques à
ce que le foleil les eût encore exaltées pendant le jour.

C'eft pourquoi il aurait été néceffaire de
mettre en ufage un expédient qui deffléchât

l'air de ces mêmes exhalaifons , & qui les emportât au loin , en corrigeant à fond toutes les impreffions qu'elles pouvaient avoir laiffé.

Il aurait été également néceffaire que pendant les deux Epidemies qu'il y a eu en 1768 & 1769 , *lorfqu'il y eut des fievres peftilentielles , (qui dans moins de dix mois, entre les deux , enleverent dix mille Citoyens , fuivant les regiftres des Paroiffes, dont nous comptons donner l'état à la fin de l'hiftoire d'une de ces Epidemies) on eut recours à un pareil moyen pour purger l'air, après avoir remédié aux caufes prochaines ; c'eft pourquoi nous ofons propofer un expédient qui remplit tous ces objets à la fois.*

Nous allons le rapporter tel qu'il eft dans l'Ouvrage , perfuadé qu'on voudra bien avoir tous les égards poffibles & l'indulgence convenable , envers un Citoyen qui fe fent vivement infpiré pour le bien de l'humanité , & par l'amour de fes femblables.

Moyen

Moyen artificiel pour détruire les vices de l'air, ou pour en deffécher la trop grande humidité.

Après avoir parcouru toutes les caufes qui ont été à la connaiffance de nos faibles lumieres, & qui ont contribué fecondairement à faire germer cette maladie, il faut expofer les raifons qui nous ont obligé de recourir à ce moyen, pour détruire les caufes éloignées qui font moins à notre difpofition, comme les vices de l'air, lequel doit contribuer, en même-tems, à en deffécher la trop grande humidité.

Il eft fort vraifemblable, que l'atmofphere de cette ville recevant depuis quelque tems, & tous les jours, les mauvaifes exhalaifons de tant de morts & de malades, lefquelles étant jointes à toutes les autres mentionnées ci-deffus, a dû s'alterer & fe vicier dans la fuite ; c'eft pourquoi il conviendroit de joindre, aux moyens

D

précédens, les feules reffources qu'il refte à mettre en ufage, qui confiftent à éloigner de cette atmofphere tout ce qu'elle peut contenir de mauvais, & qui peut fervir de levain pour corrompre l'air à un certain point.

On ferait difpenfé de recourir à l'art, fi la nature fecondait nos defirs, c'eft-à-dire, fi les vents de Nord & d'Oueft foufflaient pendant quelque-tems, comme il a été dit; ils poufferaient, hors de notre atmofphere, les vapeurs qu'elle doit avoir reçu de cette ville fi peuplée; mais ne pouvant pas nous flatter de cette faveur, ou du moins n'en étant pas affurés ni d'aucun autre, fi la maladie continue de même, & qu'elle augmente toujours de plus en plus, il faut nous fervir des feuls moyens qui nous reftent, qui font précifément à la difpofition & à la portée de cette même ville.

Si l'expédient que nous allons propofer devient inutile pour cette maladie, on pourrait y avoir recours, autant qu'elle reprendrait dans un autre tems , & qu'elle fût beaucoup opiniâtre ; ou bien en cas de Peste , si par malheur on était jamais encore dans cette terrible nécessité.

Cet expédient consiste à nous servir des moyens artificiels qui ont la force de pousser l'air d'un endroit à l'autre , en opérant une explosion subite & vigoureuse de la colonne de cet air qui renferme les exhalaisons qu'on veut éloigner , par une autre colonne de ce même élément qui est poussée avec une impétuosité violente du point mobile.

Une autre vertu qui est encore propre à ce secours , c'est que les principes élémentaires qui le composent, sont encore de nature à corriger la corruption de ce même air , ou des exhalaisons qu'il contient , si ce dernier , malheureusement pour nous , parvenait jamais à ce dangereux degré.

———————————————

Ce moyen consiste , dis-je , à faire tirer dans l'atmosphere , avec la seule poudre à feu, les canons de la citadelle & de tous les forts, ou bien il faut transporter des canons aux endroits les plus élevés & les plus convenables pour pousser cet air, d'une extrémité à l'autre, c'est-à-dire, du Levant au Couchant qui est la mer, ou du Nord au Midi, qui est également mer derriere la montagne Notre-Dame de la garde, suivant que les élévations seraient plus ou moins dominantes & plus à portée, ce qui se ferait pendant huit à dix jours de suite, deux heures le matin & deux heures le soir ; on continuerait plus ou moins suivant les changemens qu'il en résulterait.

Outre la commotion bruyante, vive & tonante, que feraient les coups de toute cette artillerie dans l'air, c'est que le tremblement général, la violente secousse, l'ébranlement subit & le mouvement impétueux de ces bouches à feu, partant du même point de direction, feraient une impression si forte & pousseraient si vigoureusement la colonne d'air qui leur serait présentée, que celle-ci serait portée bien loin,

à force d'être pouffée par tous ces volcans,
ces foudres. de fouffre & de feu, on la ver-
rait emporter avec elle toutes les exhalaifons qu'elle peut contenir dans ce même
élément, ou que les tourbillons légers, leur
mouvement & l'attraction du foleil peuvent
lui procurer dans la journée.

A ces effets fe joindraient encore, &
fuccéderaient ceux de la flamme du fouffre
minéral, lequel a la vertu de deffécher tout
humide, de confumer & brûler toute corruption, ainfi que la faculté d'animer & de
vivifier tout ce qui a dégénéré, qui a perdu fon effence originaire & naturelle,
comme nous en voyons les effets par les
fouterreins qu'on ne peut pas aborder fans
dangers pour nos jours, par rapport aux
exhalaifons puantes, infectes, minérales,
ou autres qui y regnent; cependant, lorfqu'on y brûle du fouffre, qui confume
toutes ces vapeurs, de quel genre qu'elles
foient, qui rend à l'air le reffort & l'élaf-
ticité qui lui font naturels, & que ces mêmes exhalaifons lui avaient ôté, après en

avoir, dis-je, corrigé les vices & les défauts, on peut y vivre en fureté.

Il eft vrai que le fouffre qui aurait été
enflammé laifferoit une odeur défagréable
pendant quelques jours dans l'air, & ne
plairait pas beaucoup à l'odorat; mais il
n'en feroit que meilleur pour la poitrine,
& la refpiration, bien loin d'en recevoir
du mal, en retirerait du bien à mefure qu'il
aurait perdu fon acide, lequel fe feroit con-
fumé en s'enflammant.

Objections.

On pourra nous objecter que ce grand
bruit pourrait faire de la peine à des perfonnes malades ou à d'autres qui feraient en
fanté, comme les femmes enceintes, & autres
cas femblables; mais nous fommes perfuadé
que quand elles feraient prévenues, elles n'en
fouffriraient plus; outre qu'elles pourraient
ufer de certains moyens pour ne pas y entendre; bien plus, il eft à préfumer qu'elles en
fupporteraient d'autant plus facilement l'in-

commodité, qu'elles fauraient que c'eſt pour les délivrer du fléau qui en ferait l'objet.

Les malades de ce genre de maladie en fouffriraient encore moins, puiſqu'ils font preſque tous dans la furdité ; d'ailleurs, ils pourraient encore s'en garantir, comme les femmes enceintes, ainſi que les autres malades & les perſonnes dont les oreilles feraient trop délicates fur ces eſpeces de bruit ; outre que dans pareils cas, il faut faire un petit mal pour en éviter de grands, ou pour ſe procurer un plus grand bien.

Nous nous eſtimerons encore bien heureux ſi, par ce moyen là, joint à tous les autres détaillés ci-devant, nous pouvons arrêter les progrès de cette terrible maladie, & en prévenir les retours, qui font d'autant plus à redouter, & meritent d'autant plus les attentions du Gouvernement, qu'elle ſe fait ſentir depuis deux ans de ſuite, qu'elle pourrait s'y familiariſer au point de faire craindre une vingt-unieme Peſte, puiſque la précédente débuta plus ou moins par la même maladie que celle-ci, qui ne devint telle que parce qu'on la laiſſa trop empirer, & qu'on ne s'empreſſa pas d'en fixer les progrès, parce qu'on ne voulait pas écouter les avis ſages des Médecins de ce tems.

C'eſt pourquoi il convient de mettre à profit cette terrible leçon, s'il arrive que cette maladie ceſſe & ſe fixe cette année; on le fera l'année prochaine, ſi elle reprenoit encore, & ſi on n'en avait beſoin, ni pour cette année, ni pour l'autre, ce que nous ſouhaitons très-ardemment, ce ne ferait qu'en cas de nouvelle Peſte, ſi par malheur, on était jamais réduit à cette fatale néceſſité, comme nous l'avons dit.

On n'aura pas ſans doute perdu de vue, que le tems duquel nous parlons eſt celui pendant lequel regnait l'Epidemie dont il eſt ici queſtion, puiſque c'eſt dans l'intervalle qu'elle ſubſiſtoit encore que nous la décrivions ; autrement nous nous ferions exprimés d'une autre façon : bien plus, nous oſons croire que la maniere de rapporter les événements préſents, devant être toujours plus exacte & fidele, doit également frapper davantage les fens & infpirer beaucoup plus de confiance que ce qui eft rendu quelque-tems après ; par conféquent nous ofons efpérer qu'on voudra bien avoir égard aux circonftances & nous rendre juftice à ce fujet.

Nous laiffons aux Phyficiens & aux Médecins judicieux, le droit de l'apprécier à fa jufte valeur, & de prononcer, pourvu qu'on juge fans prévention & dépouillé de toute partialité.

Nous fommes perfuadé que s'ils pefent bien l'embarras où l'on fe trouve dans pareil cas, fur-tout en tems de Pefte, & fi l'on fait réflexion au peu de fuccès des autres moyens, on y aura recours; ou bien, fuppofé que la généralité ou les connoiffeurs même n'adoptent pas celui dont il s'agit, ou qu'il rencontre des inconvéniens plus forts que le bien qui pourrait en réfulter, ce qui n'eft pas vraifemblable, on ne faura pas mauvais gré à l'intention qui y donne lieu ; du moins nous penfons que fi on ne goûte

pas la méthode , on ne blamera pas la
bonne volonté qui y a donné naiſſance , &
nous ferons le premier à nous rendre
juſtice ; mais il faudra pour cela qu'on donne de bonnes raiſons , & de fortes preuves ,
ou qu'on indique des moyens plus efficaces
ſans ſe borner à la ſeule critique , comme
on fait d'ordinaire , parce qu'il eſt toujours
plus facile de critiquer que de mieux faire ;
d'ailleurs , il a été de tout tems l'uſage de
déclamer contre toutes les nouveautés ſans
les approfondir , ce qui a fait commettre
de grandes fautes , donné lieu à des erreurs
impardonnables & qu'on n'a jamais pū réparer. L'Hiſtoire nous en fournit plus d'un
exemple.

Si l'on diſait qu'il n'y a que les villes maritimes comme Marſeille , &c. qui (étant
expoſées à recevoir des vaiſſeaux) doivent
ſeules uſer de ces précautions , & qu'excepté
un climat tempéré comme celui dans lequel
elle eſt , où l'humidité & les infeċtions ſont
plus ſuſceptibles d'altération , les autres
n'ont pas direċtement beſoin de toutes ces

précautions ; on fe tromperait fur bien des points.

Nous penfons, à la vérité, que les villes qui ne font pas expofées à recevoir les premieres vifites de ces vaiffeaux ne rifquent pas autant que Marfeille ; mais on conviendra fans doute également que toutes celles qui ont des correfpondances avec elle , qui font des envois, ou qui reçoivent des marchandifes de fes magafins , font expofées à recevoir ces impreffions , quoiqu'elles ne foient pas maritimes comme elle , du nombre defquelles font *Paris* , *Lyon* , *Rouen*, &c.

Les villes qui ont des ports de mer & qui reçoivent auffi des vaiffeaux du Levant, des Indes , de l'Amérique méridionale , comme celles d'Efpagne, d'Italie, &c. telles que Cadix , Barcellone , &c. Genes , Livourne, &c. peuvent par la même raifon , recevoir ces levains de leurs fources , & en faire paffer à Marfeille , ou cette derniere leur communiquer ceux qu'elle aura également ment reçu.

Grégoire de Tours fait mention de la

troifieme Pefte qu'il y eut en 588 à Marfeille , qui fut apportée par un navire qui
venait d'Efpagne chargé de diverfes marchandifes , lefquelles ayant été achetées par
les habitans , la maifon qui en fut la premiere
attaquée refta entierement vuide ; elle fit
tant de ravages , que les moiffons fécherent
fur la terre , par le défaut de moiffonneurs ,
les raifins refterent fur la vigne jufques
dans l'hiver. *Greg. Turen. lib. 9. cap.* 21
& 22.

Genebrard dit que les Juifs apporterent
encore la Pefte des Indes pour fe venger
de quelque réglement qu'on fit contre eux
dans un Concile national tenu à Avignon
en 1737.

L'Hiftoire nous apprend que la Pefte
peut naître dans tous les climats tempérés ,
& dans des pays froids , même pendant
la faifon la plus douce ou la plus chaude
de l'année , fuivant les caufes qui y donnent lieu & qu'on laiffe plus ou moins fub-
fifter les foyers qui en font naître les levains.

En 1628, l'armée du Marquis d'Uxelles infecta la ville de Lyon, & de-là le mal fe repandit bientôt en Languedoc, en Dauphiné, en Provence, où la ville de Digue fut la premiere attaquée, enfuite Aix, & après Marfeille : elle y fut apportée par des balles de laine, & fe déclara le 22 Février 1630. Gaffendi fait mention de cette Pefte dans la vie de M. de Peirefc. *Gaffendi in vita Peirefc.*

On voit par toutes ces funeftes époques, que non-feulement toutes les villes maritimes qui font fujettes à recevoir des levains étrangers, ont befoin de fe tenir fur leurs gardes, mais encore celles qui ne font pas dans de femblables expofitions, ou qui peuvent recevoir les impreffions de celles qui y font les plus expofées.

Par conféquent toutes les villes commerçantes de l'Europe, celles du Monde entier, font intéreffées à faire ufage de toutes ces précautions, puifqu'on voit, par ce fimple expofé, & par la fatale expérience que les peuples des fiecles paffés en ont faite , que bien peu de climats en font à l'abri.

L'ART

D E

FAIRE CESSER LA PESTE;

O U

LES ÉPIDEMIES LES PLUS TERRIBLES.

TROISIEME PARTIE.

Parallele d'un Officier de guerre à un Officier de santé, relativement à leur service.

De l'Officier de guerre.

LORSQU'UN Officier de guerre, qui va exposer son sang & sa vie pour l'intérêt de l'Etat, se couvre de gloire & acquiert le droit de prétendre à une recompense proportionnée aux périls qu'il a essuyés, à la valeur qu'il a montrée & au fervice qu'il a rendu , quoique la victoire n'ait pas toujours été le prix de fon travail & de fa bravoure, il n'y a rien à cela que de jufte.

De l'Officier de fanté.

L'Officier de fanté qui va également combattre contre un ennemi encore plus dangereux , & d'autant plus terrible que c'eft un être fans corps fenfible , par confé-quent , fans cœur & fans ame ; par la même raifon incapable d'amour , d'humanité , de tendreffe & de pitié , comme les autres êtres animés , defquels on peut attendre quelque miféricorde ; qui va également ex-pofer fon fang & fa vie au danger de périr pour le falut d'un peuple immenfe qui eft menacé d'une mort prochaine & conti-nuelle, qui va refpirer des puanteurs & des ordures qui foulevent le cœur ; qui va ava-ler avec la falive des odeurs malignes & peftilentielles, n'a-t-il pas, par la même rai-fon, autant de droit, & encore plus, de
prétendre

prétendre à une semblable gloire, à une récompense proportionnée aux périls qu'il a été chercher, braver même & affronter, auxquels il y en a tant qui succombent, malgré les plus sages précautions, parce que souvent elles ne suffisent pas, ou ne garantissent pas toujours.

La preuve de ce que nous avançons est le nombre des Médecins, &c. qui périrent lors de la derniere Peste, au nombre desquels on a vu le pere & l'enfant quitter leur doux repos, s'arracher du sein de leur patrie & de leur famille pour voler au secours de Marseille, qui étoit en proie à ce terrible fléau.

C'est lorsque la plus grande partie des habitans, & tant d'autres étrangers, abandonnaient cette malheureuse ville, que ces héroïques sujets vinrent leur offrir leurs secours, au péril de leur vie, & exposer leurs jours pour sauver ceux des citoyens de cette même ville.

Mais la cruelle Parque, qui frappe les yeux fermés & sans aucun égard, ne me-

E

nagea pas plus ces admirables athletes que les autres, puifqu'ils périrent à peu d'intervalles l'un de l'autre.

Enfin, celui qui a été ainfi s'expofer à tant de dangers, pour en mettre à couvert fes femblables, n'a-t-il pas droit d'afpirer aux honneurs attachés à ce genre de gloire, par le zele & la fermeté qu'il a montré, par le fervice qu'il a rendu à l'humanité & à toute une ville empeftée, quoique le fuccès auprès des malades, n'ait pas toujours répondu à fa bonne volonté; il n'y aurait rien en cela que de très-équitable?

Cependant cette belle action n'eft pas toujours regardée de la même façon, ni confidérée fur le même point de vue : tant les chofes, en fait d'opinion, font arbiraires parmi les hommes.

On convient tous les jours de certains principes, on s'oublie & l'on s'écarte dans les conféquences ; fi l'on donnait pour raifon que la comparaifon n'eft pas jufte, & que c'eft pour cela qu'on ne récompenfe pas les fervices des uns, comme ceux des autres ; lorſqu'on dit que le Médecin peut ſe garantir du danger , & que le guerrier ne le peut pas toujours , parce que ce premier , ajoute-t-on , peuṭ uſer des antidotes & des moyens préſervatifs pour s'en mettre à couvert :

Nous répondons que quand ces prétendus préſervatifs feraient auſſi aſſurés qu'ils ne le ſont pas , qu'ils feraient ce dont ils ſont incapables , & ce qu'on ne fait que leur ſuppoſer ; ils n'empêcheraient jamais l'entrée (aux odeurs des malades , des mourans & des morts) dans le poumon , avec la reſpiration , & qu'en avalant la ſalive , cet air chargé de tout ce qui s'exhale de ces cadavres gangrenés , ne parvienne dans l'eſtomac avec les miaſmes qu'il contient , par la déglutition de cette ſalive.

Si les. Guerriers n'étaient pas plus à couvert du danger , quand ils combattent derriere les remparts d'une ville , à travers les fortereſſes d'une citadelle , derriere la tranchée , dans des foſſés , c'eſt-à-dire , dans des creux de terre menagés exprès , &c.

ainſi des autres moyens inventés par l'art,
ou ceux qui ſe rencontrent au haſard, ſouvent à propos, & qui ſont l'ouvrage de la
nature, pour ſe garantir du péril; ſi après,
diſons-nous, tous ces moyens de précaution, ils n'étaient pas plus en ſureté, ils ſe-
raient bien à plaindre.

Les Médecins n'ont cependant pas le
même avantage; les autres moyens de ſe
garantir, qu'on leur prête, dont nous avons
déjà parlé, ſont plus chimériques que réels;
ils jurent contre la ſaine raiſon, ne pouvant ſe concilier avec les cauſes & les effets
phyſiques, quoi qu'on diſe, & quelque prévention qu'on ait à ce ſujet, à moins qu'on
ait recours aux qualités ocultes, qui ſont
le refuge de l'ignorance, & qu'on veuille
enſevelir ce principe dans une obſcurité
impénétrable, ou dans un myſtere téné-
breux.

Ainſi, outre qu'on eſt dans l'illuſion,
quand on penſe de même, comme on vient
de voir, c'eſt que l'hiſtoire de tous ceux
qui ont été la victime de cette erreur parle

en faveur de notre caufe ; & les fujets qui ont pu fe fauver du danger , font comme ceux qui échappent à une bataille, où tant d'autres ont péri.

Réflexion fur le fujet dont il s'agit , fur le climat de Marfeille , ainfi que fur celui de toutes les villes & de tous les ports de mer de l'Europe entiere , qui font en correfpondance avec elle.

Plus un pays eft favorifé de la nature , plus il convient de lui conferver fes faveurs , & de le mettre à couvert des altérations qu'il peut effuyer par des caufes étrangeres & accidentelles.

Il doit en être de même des peuples qui l'habitent. Plus les habitans d'une ville font chers à l'humanité fouffrante , utiles à l'induftrie & précieux à l'Etat , plus on doit veiller à leur confervation.

La ville de Marfeille, &c. réunit toutes ces qualités à la fois , & mérite , par conféquent, qu'on ait des attentions toutes particulieres pour fes habitans.

Cette Cité a de tous les tems ouvert fon fein à toutes les nations de l'univers , & n'a jamais ceffé d'employer fon induftrie à aller chercher les fecours de tous les genres dans les quatre parties du monde , pour femer la richeffe & répandre l'abondance par-tout.

Elle fait plus : elle envoie toute l'année une grande partie de fes habitans dans les pays les plus éloignés , tels que l'Amérique, les Indes, le Levant, &c. ainfi que les plus critiques pour les maladies endémiques qui y regnent, afin d'aller chercher, au péril de leur vie, les denrées qui manquent aux autres nations , dans le deffein de les en pourvoir.

Pour comble de générofité, elle expofe la falubrité de fon beau climat & de fon agréable féjour, aux épreuves & aux premieres impreffions des vaiffeaux qui arrivent de ces pays dangereux, lefquels font infectés, la plupart du tems, des maladies les plus terribles, puiſqu'ils l'en ont fait gemir plus d'une fois (1).

Lorſqu'un climat, par ſa ſituation naturelle, eſt mal-ſain, pour être trop expoſé aux vents d'eſt, du midi, &c. ou que des cauſes particulieres, comme les étangs, les marais, &c. le rendent tel, c'eſt à l'induſtrie humaine à en corriger les défauts, quand il eſt poſſible, & qu'il n'y a pas des obſtacles invincibles.

Mais, lorſqu'il ſe trouve dans la plus riche poſition du monde, que la nature l'a favoriſé du ciel le plus ſerein, des graces d'un printems preſque continuel, & des plus belles richeſſes de l'automne, on n'eſt point excuſable de ne pas conſerver, avec tout le ſoin poſſible, d'auſſi précieux dons, & de ne pas corriger les petits défauts qu'il peut avoir lui-même, ou de parer les coups

____

(1) On ſait par l'Hiſtoire, que les habitans de la ville de Marſeille ont eſſuyé la Peſte pendant vingt fois, à différens intervalles, puiſque celle de 1720, qui eſt la derniere, eſt la vingtieme.

E iv

& prévenir les altérations qu'il peut recevoir des caufes paffageres.

La ville de Marfeille jouit de tous ces
avantages à la fois, puifque fon climat eft
dans la plus douce température qu'il y ait
en Europe, de maniere qu'il n'eft ni trop
froid, ni trop chaud, ni trop fec, ni trop
humide ; par conféquent il convient de faire
tous les efforts poffibles pour lui conferver
ces précieux dons : mais, comme c'eft le
propre des bonnes chofes de s'alterer par
les impreffions des caufes qui les appro-
chent, il fubit par conféquent le même
fort.

C'eft pour toutes ces raifons, & un grand
nombre d'autres, que nous nous fommes
propofés de développer ces mêmes caufes,
à deffein de détruire celles qui font à la
difpofition des hommes, & corriger les
foyers qu'il y a dans les villes, qui entretiennent des vices particuliers, lefquels ne
contribuent pas peu à agraver le mal, par
la même raifon à augmenter l'effet des
caufes premieres & accidentelles.

A ces caufes étrangeres qu'on joigne celles auxquelles cette ville eft expofée pour des raifons d'Etat, c'eft-à-dire, pour le bien, non-feulement de tout le Royaume, mais encore pour celui de l'Univers entier, puifqu'elle eft l'entrepôt & le magafin général de tout le Levant.

Comme on fait que la Pefte eft habituelle dans prefque tout ce pays, & que c'eft dans cette ville, ou dans fon beau climat, que tous les vaiffeaux qui en arrivent viennent faire l'expiation, ou le purgatoire des exhalaifons malignes & peftiférées qu'ils peuvent renfermer, par conféquent on doit être plus circonfpect, ufer de précautions plus férieufes, plus délicates, & plus fcrupuleufes que fur aucune autre du monde entier.

Pour toutes ces raifons & ces confidérations, on doit encore veiller, avec toutes les attentions poffibles, fur les autres caufes accidentelles qui peuvent altérer un fi beau climat; obferver & épier les variations qui fe rencontrent dans les faifons; étudier toutes les circonſtances & les particularités qui ſe préſentent, pour en former un corps d'hiſtoire ; le faire ſervir aux maladies de chaque ſaiſon, & aux Epidemies qui ſe préſentent aſſez ſouvent, ainſi qu'on l'a vu en 1767, 1768, & une partie de 1769 (1).

Il en eſt des Epidemies, pour le regne animal, comme des maladies accidentelles qui viennent ſe manifeſter quelquefois dans le végétal de toute une contrée, pour y dépoſer les fruits de la terre, ainſi que font les orages & les tempêtes qui viennent fondre ſur un champ ſemé, pour détruire dans un inſtant les plus belles eſpérances d'une moiſſon à ſouhait, qui faiſait l'unique reſſource & la plus douce conſolation du Laboureur, juſqu'alors perſécuté par les cruelles rigueurs de l'indigence.

L'Epidemie, dont nous allons donner l'hiſtoire, a fait, dans une grande partie de cette Province, & en particulier dans cette

____

(1) Pendant toute l'année 1767, &c. une ſemblable Epidemie avait fait un pareil ravage.

Ville, (Marfeille) ce que d'autres, connues fous le nom de Pefte, y ont fait dans différens tems par d'autres caufes.

Puifque les Médecins conviennent que l'air eft prefque toujours le fiege & le véhicule des caufes qui donnent lieu à ces maladies ; puifque l'hiftoire des Epidemies eft beaucoup négligée, fur-tout celle qui concerne le climat de Marfeille, qui a plus befoin d'être étudié qu'aucun autre de toutes les Villes du Royaume & de l'Europe entiere, par la raifon qu'il eft doux & tempéré par lui-même ; par conféquent plus fufceptible d'altération.

On ne fauroit donc trop veiller à la difcipline qui doit y conferver la falubrité de l'air, puifque la fureté de toutes les autres Villes du Royaume qui font en correfpondance avec celle-ci en dépend ; ainfi de toutes celles du monde entier qui ont commerce avec elle, parce que fi une fois elle eft empeftée, les autres ont tout à craindre par ce même commerce ; l'Hiftoire ne fournit que trop d'exemples de ce que nous avançons.

Ce que nous difons ici de cette derniere
Ville regarde également toutes les autres
du monde entier qui peuvent être plus ou
moins dans le même cas , comme en Efpa-
ne , en Italie , &c. telles que Lifbonne ,
Cadix , Genes , Livourne , &c.

*Objections qu'on peut faire fur ce que le
service rendu , en 1769 , par M. L. à
Marseille , n'a jamais été récompensé.*

On objectera fans doute , par quelle raifon les habitans de la Ville de Marfeille ,
qui ont vu ceffer les fievres peftilentielles
de 1769 , dans leur Ville , par les confeils & les moyens du fieur L. , n'ont pas
fait tous leurs efforts pour l'en récom-
penfer.

Nous répondons : 1°. que le fieur L. n'a
jamais rien demandé , en aucun tems , aux
Chefs de cette Ville à ce fujet , excepté
le Verbal qui eft ci-joint , qu'il a obtenu
peu de tems après cette époque , de la part
de M. de Monthion , pour lors Intendant

de la Province, ainſi que celui des Municipaux de Marſeille , qu'on a vu ci-devant.

Le premier Verbal a été fait , d'après
les ordres du Miniſtere , par le digne Ma-
giſtrat mentionné ci-devant, ayant pour Ad-
joints , dans les perquiſitions qu'il a fallu
faire parmi tous les Chefs de la Ville , pour
conſtater le fait dont il s'agit ; M. L'Avocat
Breſt , ſon Subdélégué , étant rapporteur
de cette affaire , & pluſieurs autres Avo-
cats , ſes conſeils , en qualité d'aſſeſſeurs.

Le ſecond Verbal a été fait par *M. Eidin
l'aîné* , Négociant de ladite Ville , lequel
ayant été de garde pendant preſque tout
le tems le plus critique , a été celui qui fut
plus à portée de voir & de ſuivre de plus
près tout ce que nous avons fait à cette
époque.

Nous devons encore dire à ſa louange ,
qu'il a fait des prodiges à cette occaſion ,
par le zele , l'intérêt & l'affection qu'il a
mis dans ſon exercice , pour que les malades qui accablaient l'Hôtel-Dieu fuſſent
bien ſoignés.

Ce fut donc ce courageux Citoyen qui, ayant été témoin oculaire de tout ce qui s'était paſſé dans cette fatale circonſtance, fut le premier à ſigner le Verbal ci-joint; les dix autres Adminiſtrateurs, également témoins & auſſi zélés pour le bien des pauvres, l'ont tous ſignés avec la meilleure grace du monde, les uns après les autres.

Comme on n'exerce ces places d'adminiſtration, tant à l'Hôtel-de-Ville qu'à l'Hôtel-Dieu, que pendant trois ans; il s'enſuit de-là que ceux qui les remplacent ne peuvent pas ſavoir ce que les précédens ont fait, ſur-tout, ce qu'ils ont opéré à leur particulier.

C'eſt pourquoi, ſi on demandait à ceux qui exercent aujourd'hui, ce qu'on a fait en 1769, il ne ſerait pas ſurprenant qu'ils l'ignoraſſent, ſur-tout, nous le répétons, ce qu'ils ont fait à leur particulier, & qui n'eſt pas conſigné ſur leurs regiſtres.

Si ces témoignages font l'ouvrage de la furprife, ainsi que l'envie voudrait l'in-finuer, ou fi c'eft celui de la vérité.

On peut furprendre tous les jours la bonne foi d'une perfonne en place ; mais larfqu'il faut concilier la volonté de onze perfonnes qui n'ont aucun intérêt à la chofe, il faut bien croire qu'elle eft vraie quand ils la fignent.

On a trompé plus d'une fois la religion d'un homme par les follicitations, pour des raifons d'intérêt, ou par tant d'autres voies que la cupidité met tous les jours en ufage pour capter les fuffrages ; mais quand il faut réunir celui de onze Adminiftrateurs, & qu'ils font hors d'état de dire que perfonne leur ait fait la moindre follicitation fur cet objet ; il eft naturel de croire que la chofe eft vraie, lorfqu'ils font tant que de la figner.

Par conféquent il eft facile de décider qu'un pareil acte ne peut pas être revoqué en doute, fur-tout quand on fait tant que de le mettre au jour depuis qu'il a été émané de leur main, & dans un tems comme aujourd'hui qu'ils sont encore presque tous en vie.

Si l'on joint aux témoignages & aux preuves d'un acte solemnel & manifeste de onze personnes, celui d'un Magistrat aussi integre & aussi respectable que l'Intendant de ce tems, aujourd'hui Conseiller d'Etat & Chancelier de S. A. R. Monseigneur le Comte d'Artois, dont le Verbal est ci-devant.

Si l'on joint encore au témoignage de cette époque celui que ce même Magistrat vient de confirmer, il n'y a que quatre jours, qu'on juge de la confiance qu'on doit y mettre. Voici l'explication de ce que nous venons de dire en dernier lieu.

Eclaircissement.

Le sieur L. ayant demandé à M d'*Ormesson, dernier Contrôleur-Général*, une récompense de ce service, ou qu'on l'indemnisât de la pension qu'il a perdue à cette époque ; un Médecin d'un mérite distingué fut chargé d'aller prendre de nouvelles informations

formations fur ce fait auprès de M. de Monthion , nommé ci-devant ; ce Magiftrat ne
fe contenta pas de confirmer fon Verbal
de la façon la plus avantageufe ; mais encore il ajouta des expreffions beaucoup plus
fortes & beaucoup plus énergiques , pour
conftater fon témoignage ; le Médecin dé-
figné ci-deffus eft un nouveau témoin de
ce fait.

Si on objecte de nouveau , pourquoi
M. le Contrôleur-Général n'a pas donné
lieu à cette récompenfe , ou à une indem-
nifation ; on répond qu'ayant quitté peu de
jours après le miniftere , c'eft la raifon
pour laquelle il n'a pas pu exécuter fon
deffein.

Si on objecte encore , par quelle raifon
M. L. a refté jufqu'à préfent pour former
cette demande , voici fa réponfe.

Il s'en faut de beaucoup que M. L. ait
refté jufqu'à préfent pour faire fa demande ,
puifque depuis cette époque , par conféquent depuis la perte de fa penfion , il n'a
jamais ceffé d'envoyer des Mémoires de

F

Marfeille de trois en trois mois , & n'a jamais ceffé d'en préfenter lui-même depuis trois ans qu'il eft à Paris ; mais , comme il a été dit ci-devant , la circonftance de la guerre a toujours été un obftacle au fuccès.

Par conféquent il eft facile de voir que ce n'eft pas lui qui a trop tardé de former demande : l'on voit encore qu'il n'a rien négligé depuis cette époque ; mais ce font ceux qui devaient agir , qui ont tardé de s'en occuper.

Si on donne encore pour raifon , que la ville de Marfeille , qui a reçu le fervice , aurait dû former la demande de fon chef , ou recompenfer elle-même un pareil fervice , nous répondons encore , une partie de ce qui a été dit ci-devant , que les Adminiftrateurs de cette Cité étant fortis de charge , lorfque le fieur L. a formé cette demande , & ceux qui ont fuccédé ne fachant pas ce que les précédens avaient fait , ne pouvaient pas recompenfer , ni faire recompenfer ce qu'ils ne favaient pas , & ce qu'ils n'avaient pas vu ou pû fuivre ; voilà la raison pour laquelle ceux qui ont succédé n'ont pas pû le faire.

Si on objecte pourquoi ceux qui étaient en exercice à cette époque, ne l'ont pas fait dans le tems ; nous répondons, 1°. parce que nous ne leur avons rien demandé, n'étant pas encore notre deffein alors, & nous ne l'aurions peut-être jamais fait dans la fuite, fi un Magiftrat de nos amis, pénétré de l'importance & des avantages du fervice que nous avions rendu à la ville de Marfeille, ne nous l'avait infpiré.

2°. Nous répondons encore d'ailleurs, que ceux qui leur ont fuccédé, ont toujours dit, que quand même ils voudraient le faire, il fallait toujours que cela fût ordonné par le Miniftere, parce qu'ils ne pouvaient pas difpofer d'un denier fans les ordres de la Cour, ajoutant que lorfqu'ils en auraient reçu, ils s'en feraient un plaifir.

3°. Si on objecte encore que ceux des Adminiftrateurs de ce tems, qui vivent encore, devraient former cette demande eux-mêmes aujourd'hui, pour faire recompenfer

un fervice de cette nature ; nous répondons
que fi les hommes étaient ce qu'ils devraient
être , cela aurait dû s'opérer ainfi ; mais
pour l'ordinaire , morceau avalé n'a plus de
goût ; nous voulons dire par-là , que l'ab-
fence eft la mere de l'oubli , & qu'on oublie dans le calme ce qu'on a projetté dans
la tempête.

Il en eft quelquefois de certaines perfonnes comme de ces marins qui , dans le
fort de la tempête , font les plus belles pro-
meffes aux Saints qu'ils ont invoqué dans
le danger , & auxquels ils ont fait des vœux
les plus folemnels , tandis que , lorfque l'o-
rage eft paffé , fouvent ils n'y penfent plus.

Nous fommes bien éloigné d'avoir la
même raifon vis-à-vis de ces Adminiftrateurs , ne les ayant jamais mis à l'épreuve,
(depuis cette époque) puifque nous n'avons
qu'à nous en louer ; mais nous favons que
depuis que nous fommes dans cette Capitale , pour l'établiffement des bains à vapeurs , &c. que nous avons dirigé au Gros-
Caillou , & depuis ceux de notre feule com-

pofition que nous avons inventé après , que la Faculté & la Société Royale de Méde-cine ont approuvé ; nous favons , dis-je , que l'envie au teint pâle , n'a jamais ceffé de répandre fon venin & de femer fon fu-nefte poifon contre nous , dans tous les ef-prits , pour faire oublier la honte dont les envieux fe font couverts à cette époque , de n'avoir pas fait ce qu'ils auraient dû faire , & de ce que nous avons rendu volontaire-ment un fervice à la Ville auquel ils n'ont jamais penfé , quoiqu'ils y fuffent obligés par état.

Par conféquent , notre crime à leurs yeux , c'eft d'avoir mieux travaillé qu'eux , & d'avoir fait pour notre Patrie ce qu'ils auraient dû faire.

Copie des différens Mémoires qui ont été présentés depuis 1769, sur le service mentionné ci-devant, rendu par le sieur Laugier à la Ville de Marseille & à son Hôtel-Dieu, dont le Roi n'a jamais eu connaissance.

En 1769, un fléau des plus terribles ravageoit la ville de Marseille, & la menaçoit d'une 21ᵉ Peste.

Dix mille Citoyens en avaient déjà été les tristes victimes dans l'intervalle de neuf mois, ainsi qu'il paraît par les registres des Paroisses.

Un des plus humbles sujets du Roi, Docteur en Médecine de la Faculté de Montpellier, Membre & Professeur du College de Marseille, qui fréquentoit fort assidument l'Hôtel-Dieu, attendri sur le malheureux sort de ses semblables, & touché de cet affreux spectacle, conçut le projet de mettre fin à cette mortalité.

C'est alors qu'affrontant le péril qu'un

grand nombre d'autres fuyoit, l'Expofant fe propofa de périr plutôt que de ne pas tendre une main fécourable à la malheu- reufe Ville qui allait être la proie de cette funefte calamité, dont le feul fouvenir fait encore gemir & pouffer des foupirs.

Un grand nombre d'Aumôniers, de Chirurgiens & d'Infirmiers ayant déjà payé le fatal tribut, avaient découragé beaucoup d'autres Officiers de cet Hôtel, au point que bien des gens n'ofaient plus approcher de ce féjour peftiféré.

Malgré tous ces fujets d'allarme & de frayeur qui décourageoient les plus intré- pides ; M. Laugier, bravant tout danger, c'eft-à-dire, expofant fa vie pour fauver celle de cent mille ames qui fe trouvaient dans la ville de Marfeille, & de toutes celles du monde entier qui font en corref- pondance avec elle, fe livra entiérement aux obfervations qu'il fallait faire auprès des malades, & fur une quantité de ca- davres qu'il eut la conftance & le courage héroïques d'ouvrir lui - même , n'ayant pû trouver perfonne pour l'aider.

C'eft d'après ces obfervations qu'il vint à bout de découvrir la caufe de cette Pefte, qui renfermait *les mêmes fignes que la derniere de* 1720 , *c'eft-à-dire* , LE BUBON , LE CHARBON , LES PAROTIDES ET LE POURPRE.

Il fallait être vivement infpiré du defir de fauver cette malheureufe Ville de ce défaftre , pour vaincre tous les obftacles qui s'y oppofaient.

S'il y avait tant à craindre en approchant les malades , qu'on juge du danger qu'on devait effuyer en refpirant les odeurs fé-pulcrales de tant de cadavres qu'il fallut ouvrir.

Meffieurs les Directeurs de l'Hôtel-Dieu , & les Adminiftrateurs de la Ville , témoins des peines & des foins que l'Expofant ne ceffait de fe donner , pendant ce tems d'af-fliction , ayant confulté cet Obfervateur & fenti le prix des moyens qu'il propofait , & de fes confeils , les mirent à exécution avec tout le succès qu'on pouvait desirer , au point que dans peu de jours on en vit la cessation entiere.

Services rendus à l'humanité en général, & à la France en particulier , par M. L., &c.

Dulce & decorum est pro patria pati.

Nous ne disons pas *mori*, comme les anciens, parce qu'une fois qu'on n'existe plus , on ne peut plus rendre aucun autre service ; c'est un délire , ou un héroïsme mal entendu, d'en agir autrement, excepté quand la mort vient nous surprendre.

Le sieur L. voyant la ville de Marseille en proie à la Peste dans l'année 1769 , époque à laquelle il commença d'y faire sa résidence ; & son cœur, souffrant d'entendre dire aux Magistrats ou Chefs de la Ville, qu'ils avaient perdu , dans six mois de tems , dix mille Citoyens ; c'est ce qui le détermina à faire tous les efforts dont il pouvait

être capable, pour fecourir cette malheureufe Ville.

C'eft dans ces fentimens qu'il fe détermina à fuivre, avec toute l'exactitude poffible, les hôpitaux & tous les malades de
la Ville dont il était chargé.

Il n'a pas fuffi à M. L. d'avoir expofé fa
vie à travers plufieurs milliers de malades
qu'il parcourait tous les jours dans l'Hôtel-
Dieu, pendant ce fléau, pour en découvrir la caufe; d'avoir ouvert un grand
nombre de cadavres, afin de chercher le
fiege de la maladie, en fouillant dans les
entrailles des morts, de ces fépulcres
d'horreurs, pour faire fes obfervations.

Il ne lui a pas fuffi, dis-je, d'avoir ef-
fuyé la Pefte lui-même, de laquelle il lui
eft refté une toux, dont il reffent toutes
les années les atteintes, en avalant à longs
traîts les miafmes peftilentiels, pour en garantir fes Concitoyens & en mettre à couvert toute la France, fa Patrie, & l'Europe entiere, avec laquelle cette malheureufe Ville eft en correfpondance; mais

encore il a mis en corps d'ouvrage toutes
les obſervations qu'il a faites ſur les malades
& dans les cadavres , lequel la Société
Royale de Médecine a glorieuſement approuvé ; comme on l'a vu ci-devant.

Il ne lui a pas ſuffi d'avoir conſervé cette
époque dans l'Hiſtoire des Epidemies , &
de l'avoir fait ſervir au bien de l'humanité,
par le parti qu'il en a tiré ; mais encore il
a fait ceſſer cette Peſte , par les moyens
qu'il fit exécuter à cet effet , ainſi qu'il eſt
prouvé par le Verbal de M. de Monthion ,
pour lors Intendant de Provençe , & par
celui des Municipaux de Marſeille ci-joints ,
qui ſe trouvaient directeurs de l'Hôtel-Dieu
dans ce tems de calamité.

Il a encore indiqué la route qu'il fallait
ſuivre afin de prévenir ce fléau & nous en
délivrer pour toujours.

Le ſieur L. ne s'eſt pas borné à cela , il
a donné , peu de tems après, un ouvrage
pour purifier l'air de l'atmoſphere qu'on
reſpire , par des moyens puiſés dans la nature & dans la phyſique expérimentale , qui

ont été confeillés dans la fuite, par la Société Royale de Médecine, & approuvés
par la Faculté de Provence.

Comme il y a (depuis quelques années)
un grand nombre de remédes contre la maladie de Cithere, & qu'on eft fouvent em-
barraffé fur le choix qu'on en doit faire ;
le fieur L. après vingt ans d'expérience, a
publié, l'année derniere, une méthode
douce, commode & très-efficace pour tirer
les efprits de la perplexité où ils étaient fur
ce point, & a frayé une route qui eft à la
portée de tout le monde.

Cette méthode eft encore approuvée par
le College de Provence, par la Société
Royale de Paris, 'par l'Académie Impériale
& Royale de B. & par plufieurs Facultés.

M. L. s'étant fait une étude particuliere
des moyens les plus propres & les plus efficaces pour guérir les maladies des nerfs,
& les inflammations de poitrine par les fu-
migations & les vapeurs humides des plan-
tes indiquées à ces fortes de maladies, non-
feulement il a perfectionné quelques-uns de

ceux qui étaient connus, cependant négligés & tombés dans l'oubli depuis trente ans; mais encore il en a inventé d'autres pour les maladies partielles, qu'il vient de confier aux Académies des Savans de cette Capitale, qui les ont approuvé de la façon la plus honorable.

Quelque tems après il a encore donné un ouvrage fur les propriétés de l'air relatives à la fanté des hommes, lequel a été approuvé par la Faculté Royale & le College de Médecine de Provence.

Nous ne parlerons pas d'un grand nombre d'obfervations, toutes plus intéreffantes, qui ont paru en différens tems dans le Journal de Médecine, & qui ont fixé l'attention des Médecins, puifqu'elles ont été citées & rapportées dans les ouvrages de quelques Auteurs, & qu'on les voit confignées dans les anecdotes de Médecine.

On voit par ce petit expofé que, malgré que le fieur L. n'ait pas encore eu aucune recompenfe, pour avoir fait ceffer le fléau dont il eft parlé ci-devant, après avoir payé lui-même le tribut, & s'être expofé cent mille fois à périr pour fauver fa Patrie; il ne s'eft pas rebuté ni découragé, puifqu'il a continué de lui rendre un grand nombre d'autres fervices depuis cette fatale époque, ainfi qu'on vient de le voir.

Il eft par conféquent convenable que les juftes appréciateurs des travaux de ce genre lui rendent la juftice qu'il paraît mériter, fur tous ces différens objets, autant pour le dédommager du défaut de recompenfe qu'il n'a pas encore eu, que pour l'encourager fur ce qu'il pourrait encore faire à l'avenir.

Preuves qui démontrent fenfiblement que les moyens que nous propofons font bons.

La preuve que les moyens phyfiques dont il s'agit ici dans ce moment, doivent être bons, c'eft le fuccès complet qu'ils ont eu en 1769 à Marfeille, & qu'une Ville célébre (ayant confulté une Académie pour favoir l'expédient qu'il y avait à prendre afin de desinfecter l'air de leur atmofphere à l'occafion des caveaux d'une Eglife qu'on allait ouvrir pour y bâtir deffus) cette Compagnie confeilla , il y a environ trois ans , un de ceux que nous annonçons, pour la feconde fois, ne l'ayant pas fait depuis dix ans.

Voici comment elle s'explique.

Vanhelmont a célébré les propriétés du fouffre qu'il croit propre à remplir les mêmes indications que la poix.

Paracelfe y joignait les réfines.

Pendant la Pefte de Marfeille on préparait , dans ce deffein , un mélange. de fouffre , de poix-réfine , de poix noire , que l'on jetait fur une bote de foin , à laquelle on mettait le feu , & on expofait les habits à la vapeur.

La poudre à canon réunit en elle les qualités les plus utiles en pareils cas.

Un mélange de parties égales de fouffre & de nitre en poudre , a très-bien réuffi dans la definfection ordonnée à l'occafion des Epifooties.

On a conſeillé l'exploſion des pieces d'artillerie, dans le deſſein d'agiter l'atmoſphere & de diſſiper les miaſmes. Ce procédé pourra auſſi être mis en uſage, &c.

Un pareil témoignage, de la part de cette Compagnie, confirme d'autant plus notre opinion, que venant dix ans après les anonces que nous en avons faites, il prouve que nous avons penſé juſte ſur ce point.

Il eſt facile de voir qu'on n'a pas oſé entrer dans une plus grande explication, crainte de trop déceler la ſource dans laquelle on avait puiſé ; mais on voit bien que lorſqu'on a eu ſous ſes yeux, pendant tout le tems qu'on a voulu, certains objets qui flattent & ſéduiſent ſon goût, l'eſprit eſt alors entreprenant & la mémoire devient docile aux volontés du cœur.

Le

Le secours que nous proposons, pour corriger les vices de l'air, réunit deux actions à la fois.

Le moyen dont il s'agit, renferme avec lui un double avantage, non feulement parce que les principes qui compofent la poudre à canon font capables, par eux-mêmes, de brûler, de détruire & de corriger en entier les exhalaifons qui fe trouvent dans ce même air, mais encore il donne lieu à une explofion violente qui pouffe avec une impétuofité étonnante, la colonne d'air qu'il rencontre dans fon mouvement impétueux, & emporte bien loin avec lui les miafmes peftilentiels qui furnagent dans cet Elément.

Ces coups de canon étant multipliés autant qu'on le trouve néceffaire, & étant répétés par les décharges qu'on peut faire, pendant plufieurs fois tous les jours, par toute l'artillerie qu'on peut employer, & par le plus grand nombre de ces inftrumens qu'on peut placer aux endroits les plus émi-

G

nens, en les dirigeant à propos ; il n'en coutera pas beaucoup de croire que l'explofion vive, forte & générale que toutes ces bouches de feu feront dans l'air, y donneront une fi violente fecouffe & une fi terrible commotion, que ces corpufcules feront expulfés bien au loin de l'atmofphere, après avoir été brûlés par l'action du feu, lorfque le fouffre de la poudre s'enflamme.

C'eft ainfi que ces deux actions combinées réuniffent la double action que nous venons d'expofer, & produifent l'effet qu'on doit en attendre.

Si on ne mettait en ufage que les ingrediens mentionnés ci-deffus, & propofés par Vanhelmont ou par d'autres Auteurs, & qu'on les fît brûler feulement fur du foin ou fur toute autre matiere combuftible ; il s'en faut de beaucoup qu'ils produififfent la double action dont nous venons de parler, & comme on l'a vû dans les dernieres Peftes.

Par conféquent il ne fuffit pas de trouver de bons fecours contre les maux qui affligent l'humanité, mais encore il faut fa-

voir en tirer tout le profit dont ils font fuf-
ceptibles.

Par la même raifon, c'eft à l'efprit hu-
main à tirer parti de tout, par les reffources
de l'art, & par les lumieres de la phyfique
raifonnée.

F I N.

www.ingramcontent.com/pod-product-compliance
Lightning Source LLC
LaVergne TN
LVHW012211170726
843503LV00005B/2008